편견과 금기를 깨고 스스로 빛난
신사임당

상수리 출판사 상수리

상수리나무는 가뭄이 들수록 더 깊게 뿌리를 내리고
당당하게 서서 더욱 풍성한 열매를 맺습니다.
숲의 지배자인 상수리나무는 참나무과에 속하고, 꿀밤나무라 불리기도 합니다.
성경에 아브라함이 세 명의 천사를 만나는 곳도 상수리나무 앞이지요.
이런 상수리나무의 강인한 생명력과 특별한 능력을 귀히 여겨
출판사 이름을 '상수리'라고 했습니다.
우리 어린이들에게 상수리나무의 기상과 생명력을 키우는
좋은 책을 계속 만들어 가겠습니다.

편견과 금기를 깨고 스스로 빛난
신사임당

장한애 글 | 흩날린 그림

차례

작가의 말　잊지 못할 시간 여행 · · · · · 6

나비를 꿈꾸는 아이 · · · · · 8

사임당이 된 소녀 · · · · · 17

비온 뒤에 굳은 땅처럼 · · · · · 28

놋 쟁반에 핀 매화꽃 · · · · · 36

훌륭한 스승 · · · · · 46

마음으로 세상을 보는 눈 · · · · · 56

사무치는 그리움 · · · · · 65

할미새에 바람을 담아 · · · · · 72

길 떠나는 신사임당 · · · · · 80

작가의 말

잊지 못할 시간 여행

어느 날 시간 여행을 떠났어요. 아주 먼 옛날, 한 예술가가 살았던 시대로요. 빼어난 경치를 자랑하는 강릉에서 시끌벅적한 단오제를 구경하고, 여인들과 함께 신나게 그네를 탔어요. 검은 대나무 숲이 있는 오죽헌에서는 아늑한 뜰을 걸으며 매화나무, 배롱나무, 작은 꽃과 벌레, 새들과 함께 이야기도 나누었지요. 때로는 바람이 씽씽 부는 높다란 언덕에 올라 강릉 땅을 내려다보며 애타는 그리움에 잠겨 보기도 했답니다.

그렇게 여행을 하면서 상상해 보았어요.

'만일 내가 이 시대에 살았다면 어떠했을까? 그럼, 나도 다른 여인들처럼 살았겠지? 마음에 꿈을 품는 것도, 그 꿈을 세상에서 자유롭게 펼치는 것도 어려웠겠지?'

휴우, 한숨이 나왔어요. 그때, 눈앞에 한 여인이 보였어요. 바로 예술가 신사임당이었지요.

여러분은 신사임당 하면 어떤 생각이 떠오르나요? 현명하고 지혜로운 아내? 율곡 이이의 어머니? 5만 원권의 주인공? 처음엔 저도 여러분과 비슷했어요. 하지만 신사임당의 삶을 가만히 들여다보면서 점점 생각이 바뀌었지요. 훌륭한 아내이자 어진 어머니였던 신사임당보다 강인하고 아름다운 마음을 가진 예술가 신사임당의 모습에 더욱 관심이 생긴 거예요.

신사임당은 여성으로서 재능을 마음껏 펼치기 어려운 시대에 태어났지만, 자신의 꿈을 포기하지 않고, 주어진 삶 속에서 꿈을 펼치기 위해 최선을 다했어요. 작고 사소해 보이는 생명 하나하나에도 관심을 쏟았고, 끊임없이 바른 마음을 가지려고 노력했지요. 그래서 신사임당의 작품에서는 소박하면서도 깊은 아름다움이 느껴지는지도 모르겠어요.

시간이 흘러도 신사임당과 함께한 여행은 잊지 못할 것 같아요. 제게 많은 것을 일깨워 주었거든요. 신사임당의 발자취를 따라가면서 때로는 힘겹고 가슴 아플 때도 있었지만, 결국 한 가지 생각에 이르게 되었어요. 신사임당처럼 굳은 의지의 예술가가 되고 싶다는 생각. 나도 내 꿈을 끝까지 포기하지 않을 거예요.

혹시 여러분도 꼭 이루고 싶은 꿈이 있나요? 그렇다면 그 꿈을 소중히 키워 세상에서 활짝 펼쳐 보세요. 언제나 곁에서 응원할게요!

장한애

나비를 꿈꾸는 아이

하얀 나비 한 마리가 서책 위로 살포시 내려앉았어요. 인선이는 책 읽기를 멈추고 까만 눈을 동그랗게 떴어요. 나비는 하늘하늘한 날개를 살짝 접었다 펴더니 다시 포르르 날아올랐어요. 쪼르르 나비를 쫓아 달리는 인선이의 마음도 덩달아 두둥실 떠올랐지요.

막 여름을 맞은 뒤뜰은 싱그러운 기운으로 가득했어요. 장독대 옆에는 빨간 맨드라미가 소복하고, 노란 원추리 꽃은 은은한 향을 풍겼지요. 탐스럽게 열린 보랏빛 가지 밑에선 방아깨비가 폴짝 뛰어오를 준비를 하고, 보드라운 흙바닥에는 개미들이 꼬물꼬물 줄지어 가고 있었어요. 인선이는 쪼그리고 앉아 알록달록 어여쁜 꽃과 올망졸망 귀여운 풀벌레의 모습을 하나하나 눈에 담았어요.

어찌나 신기한지 시간 가는 줄도 몰랐지요.

어느새 인선이 곁으로 다가온 어머니가 살며시 웃으며 말을 건넸어요.

"글공부가 지루해 도망을 나온 게냐?"

화들짝 놀란 인선이가 고개를 도리도리 저었어요.

"아니요. 할아버지께 글을 배우는 게 얼마나 재미있는데요!"

"그럼, 여기서 뭘 그리 보고 있는 것이냐?"

"그것이……. 꽃이랑 벌레들이 이야기를 들려줄 것만 같아서요. 눈을 감아도 이 작고 고운 것들이 머릿속에서 떠나질 않는 걸요?"

인선이의 말에 어머니는 햇살처럼 포근한 미소를 지었어요.

"우리 인선이는 마음으로 세상을 보는 귀한 눈을 가졌구나."

"네? 마음으로 보는 눈이요?"

인선이가 어리둥절해서 쳐다보자 어머니는 다정하게 손을 내밀었어요.

"차차 알게 될 게야. 이제 나가 보자꾸나. 아버지가 오실 때가 다 되었다."

인선이는 오랜만에 아버지를 만날 생각에 마음이 들떴어요. 앞서가는 어머니를 조용히 따라갔어요. 어머니가 외가에서 편찮으신 외할머니를 모시느라, 아버지는 한양 집과 이곳 강릉을 수시로 오가며 지냈어요. 그래서 인선이도 외가가 있는 강릉 북평 마을에서 태어나고 자라게 되었지요. 북평은 동쪽에는 푸른 바다가 펼쳐지고, 서쪽에는 대관령 고개가 우뚝 솟아 있어 경치가 무척 빼어난 곳이었어요.

"어, 아버지다!"

저 멀리 아버지의 모습이 보였어요. 인선이는 냉큼 달려가 넓고 포근한 아버지 품에 폭 안겼어요. 아버지는 인선이를 번쩍 안아 들고 빙그르르 돌았지요. 인선이는 들뜬 목소리로 소리쳤어요.

"와아, 높이 올라오니 세상이 다르게 보여요!"

"아비가 더 높이 올려 주랴? 우리 인선이가 더 멀리 볼 수 있게."

아버지가 목말을 태어 주자 인선이는 까르르 웃음을 터트렸어요. 눈을 감고 두 팔을 쫙 펼치니 꼭 하늘을 날고 있는 기분이 들었지요.

"아버지, 제가 나비가 됐어요!"

인선이의 천진난만한 말에 아버지는 기분 좋게 껄껄 웃었어요.

아버지는 집안 어른들께 인사를 드린 뒤에 인선이를 사랑채로 불렀어요. 가져온 봇짐*에서 비단에 싸인 꾸러미를 꺼내더니 조심스레 내밀었지요.

"우리 인선이 보여 주려고 아주 귀한 화첩**을 구해 왔단다."

"우아! 정말요? 꿈만 같아요!"

인선이는 아버지를 와락 끌어안고는 바로 화첩을 펼쳐 보았어요. 먹으로 그린 산수화들은 하나같이 생생하고 아름다웠어요. 산과 강, 나무와 꽃들이 고스란히 눈앞에 펼쳐지는 듯했지요. 그중에서도 굽이굽이 깊은 골짜기 한쪽으로 복숭아나무가 숲을 이루고 있는 그림은 정말 신비로웠어요. 인선이는 한동안 멍하니 넋을 잃고 보았지요. 그걸 본 아버지가 흐뭇하게 웃었어요.

"안견***이라는 이름난 화가가 그린 산수화란다."

★ **봇짐** 등에 지기 위하여 물건을 보자기에 싸서 꾸린 짐.
★★ **화첩** 그림을 모아 엮은 책.
★★★ **안견** 「몽유도원도」를 그린 조선 초기 대표적 화가.

"이 탐스러운 복숭아꽃 좀 보세요. 하늘나라 선녀님도 반해서 내려올 것 같아요!"

인선이는 입이 절로 벌어졌어요. 주위를 두리번거리다 재빨리 종이와 붓을 손에 쥐었지요. 인선이의 고사리 같은 손이 쉴 새 없이 움직였어요. 그러자 하얀 종이 위로 울창한 골짜기와 복숭아꽃나무들의 모습이 서서히 드러나기 시작했어요. 어느새 그림 한 장이 완성되었어요. 안견의 산수화를 그대로 옮겨 놓은 듯한 근사한 그림이었지요.

"어느 것이 진짜인지 구분이 안 갈 정도구나!"

아버지는 인선이가 그린 그림을 보고 깜짝 놀랐어요. 온 식구들을 불러 모아 그림을 보여 주었지요.

"일곱 살 아이의 그림이 이리 빼어나다니! 안견도 울고 갈 솜씨로다."

외할아버지는 기분 좋게 인선이의 머리를 쓰다듬었어요. 인선이

　를 끔찍이 아끼는 외할아버지는 그림 그리는 걸 좋아하는 손녀를 위해 때마다 귀한 종이와 물감을 구해 주었어요. 그뿐인가요? 매일 글도 가르쳐 주고, 서책도 읽어 주면서 늘 칭찬을 아끼지 않았지요.
　"우리 인선이처럼 영특한 손녀가 있는데 무슨 걱정이 있겠니. 열 손자 부럽지 않구나. 허허허."
　인선이는 할아버지의 따스한 웃음소리를 들을 때면 가슴속에서 파릇파릇 새싹이 돋는 것 같았어요.
덩달아 용기도 퐁퐁 샘솟았지요.

"더 열심히 해서 내 뜻을 꼭 이루고 말 테야!"

인선이는 늦은 저녁까지 서책을 읽는 아버지 곁에서 화첩을 뚫어져라 보았어요. 이리 보고 저리 보아도 신기하고 근사한 풍경들뿐이었어요. 머릿속에 으리으리하게 펼쳐진 산맥과 힘차게 출렁이는 강물이 그려졌지요. 상상만 해도 가슴이 두근거렸어요. 꿈에 부푼 인선이는 아버지에게 물었어요.

"아버지, 이렇게 멋진 산과 강을 제 두 눈으로 보고 그릴 수 있다면 얼마나 좋을까요? 이다음에 제가 크면 꼭 데려가 주실 거죠?"

그 말에 아버지는 깊은 한숨을 내쉬었어요.

"글쎄다. 네겐 너무나 험하고 먼 길이 될 것 같구나."

"멀어요? 얼마나요? 한 백 리쯤? 아니면, 천 리쯤?"

아버지는 해맑은 인선이의 얼굴을 보며 말없이 웃기만 했어요. 인선이를 위해서라면 어디든 데려가 주고 싶었어요. 하지만 어림없는 일이었어요. 왜냐하면 여자는 집을 떠나 자유롭게 돌아다닐 수도, 과거 시험*을 보거나 벼슬**을 할 수도 없었거든요. 아무리 재능이 뛰어나도 여자라는 이유로 인정을 받지 못하던 때였으니까요.

★ **과거 시험** 관리로 채용할 인재를 선발하기 위한 시험.
★★ **벼슬** 관아에 나가서 나랏일을 맡아 다스리는 자리.

'마음 같아서는 네게 조선 팔도 아니, 온 세상을 다 보여 주고 싶구나.'

아버지는 인선이의 재능이 자랑스러우면서도 한편으로는 안타깝게 느껴졌어요. 딸의 꿈을 마음껏 펼치기에 세상은 그리 만만한 곳이 아니었으니까요. 아버지는 무거운 마음으로 딸의 손을 꼭 잡아 주었어요.

깊은 밤, 잠자리에 든 인선이는 천장을 보며 눈을 끔뻑거렸어요.

"아아, 나도 나비처럼 날개가 있으면 참 좋을 텐데."

낮에 보았던 하얀 나비가 떠올랐어요. 인선이는 나비처럼 훨훨 날아 방방곡곡을 돌아다니고 싶었어요. 넓은 세상을 구경하며 눈과 마음에 담은 것을 그림으로 실컷 그려 내고 싶었지요.

"그래, 당장 갈 수 없다면 꿈에서라도 가 봐야지!"

인선이는 두 눈을 꼭 감았어요. 캄캄한 어둠 속에서 새하얀 나비가 날갯짓하는 게 보였어요. 나비를 따라 한 걸음, 한 걸음 발을 옮기며 저 멀리 보이는 세상으로 천천히 나아갔어요. 아직은 뿌옇고 흐릿하지만 분명 신비롭고 놀라운 일로 가득할 것 같았지요. 인선이는 두근두근 설레는 마음으로 점점 달콤한 꿈에 빠져들었어요.

사임당이 된 소녀

아침부터 언니와 여동생들이 곱게 단장을 하느라 바빴어요. 오늘은 단오제*가 열리는 날이거든요. 인선이도 설레는 마음으로 옷매무새를 매만지며 콧노래를 불렀어요.

"맛있는 것도 많이 먹고, 구경도 실컷 해야지!"

매년 5월이 되면 농사가 잘 되고, 마을 사람들이 모두 건강하길 바라는 마음으로 단옷날을 보냈어요. 특히 강릉에서 열리는 단오제는 전국 각지에서 사람들이 몰려들 정도로 커다란 축제였지요. 당연히 재미난 볼거리와 맛있는 먹을거리가 넘쳐났어요.

★ **단오제** 매년 한 해 농사가 시작되기 직전, 음력 5월 5일에 치르는 전통 축제.

"우아! 사람 진짜 많다!"

서둘러 구경을 나온 인선이와 자매들은 동그란 눈으로 주위를 두리번거렸어요. 벌써부터 모래판에서는 장정들이 씨름으로 힘을 겨루고, 동네 어른들은 평상에 모여 앉아 향긋한 수리취떡*에 달콤한

★ **수리취떡** 수리취(국화과의 여러해살이풀)의 잎을 넣어서 만든 시루떡.

단오주를 마시며 이야기꽃을 피우고 있었어요. 장터를 이룬 거리에선 물건 값을 흥정하는 소리도 왁자지껄 들렸지요. 장사꾼들은 멀리서 가져온 물건들을 선보이며 서로 손님들을 모으려고 목소리를 높였어요.

"바다 건너서 귀하디 귀한 향주머니가 왔어요. 향이 아주 기가 막히죠."

"노리개 좀 보고 가시우. 한 땀 한 땀 정성스레 수놓은 거라오."

"아씨들, 한 번 신어 보세요. 고운 비단신부터 튼튼한 가죽신까지 다 있습니다요."

언니와 여동생들은 화려하고 예쁜 물건들을 구경하느라 정신이 없었어요.

"인선아, 너도 와서 같이 보렴."

언니가 부르는 말에, 인선이는 건너편을 기웃대며 씩 웃었어요.

"난 저게 더 보고 싶은걸!"

인선이는 사람들이 둥그렇게 모여 있는 곳으로 발걸음을 옮겼어요. 사람들 틈을 비집고 들어가자 흥겨운 탈놀이가 한바탕 펼쳐지고 있었어요. 우스꽝스러운 탈을 쓴 놀이패의 모습이 하도 재미있어서 한참을 서서 구경했지요. 그런데 뒤에서 누군가 반갑게 알은 척을 했어요. 옆 마을에 사는 인선이의 친구였어요.

"인선아, 그렇지 않아도 찾고 있었는데 여기 있었구나."

친구는 인선이를 보자 무언가 생각났는지 대뜸 돈이 든 주머니를 꺼내 내밀었어요.

"이거 받아. 지난번에는 정말 고마웠어."

"이게 뭐야?"

돈 주머니를 본 인선이는 영문을 몰라 물었지요.

"네가 그림을 그려 준 치마를 팔았거든. 그랬더니 빌린 치마 값을 치르고 나서도 이만큼이나 남았단다."

친구는 포도 알처럼 까맣고 동그란 눈을 반짝이며 활짝 웃었어요. 그 환한 얼굴을 보니 그제야 인선이도 포도 그림을 그려 주었던 일이 생각났지요.

얼마 전 마을에 큰 잔치가 열린 날이었어요. 잔치에 온다고 친구들은 하나같이 귀한 비단옷에 빛 고운 댕기를 드린 모습이었어요. 옆 마을에 사는 가난한 친구도 이웃에게 빌린 비단 치마를 입고 왔어요. 주인에게 깨끗이 입고 돌려주겠다고 약속한 터라 조심 또 조심하는 모습이었지요. 그런데 얌전히 잔치 음식을 먹던 친구가 갑자기 자리에서 벌떡 일어났어요.

"어머나! 어쩌면 좋아."

그만 실수로 비단 치마에 수정과를 흘린 거예요. 깨끗한 천으로 닦아 보았지만 비단 치마에 생긴 얼룩은 좀처럼 지워지지 않았어요. 당황한 친구는 울상을 지었어요. 치마를 빌려 입고 온 게 창피해 말도 못하고 혼자 발만 동동 굴렸지요. 그런 사정을 알고 있던 인선이는 생각 끝에 조용히 붓과 먹을 준비했어요. 그러고는 친구에게 다가가 귓속말을 했어요.

"좋은 생각이 있어. 잠시 치마를 벗어 주지 않을래?"

처음에는 머뭇거리던 친구도 인선이의 미더운 얼굴을 보고는 치마를 내주었어요. 인선이는 치마를 바닥에 펼쳐 놓고 종이에 그림을 그리듯 붓을 움직였어요. 얼룩이 묻은 부분에 붓을 대자 금세 동그랗고 새까만 포도 알이 생겨났어요. 크고 작은 포도 알들이 모여 포도송이가 되고, 싱그러운 가지와 잎이 자라나 포도 넝쿨이 되었지요. 얼룩이 생겨 보기 흉했던 치마는 순식간에 먹음직스러운 포도가 그려진 근사한 치마가 되었어요. 옆에서 구경을 하고 있던 친구들은 깜짝 놀라 입을 다물지 못했어요.

"빌려줘서 고마워. 네 치마를 보니 갑자기 포도 그림이 떠오르지 뭐니!"

인선이는 친구가 무안하지 않도록 태연하게 말했어요.

치마를 돌려받은 친구의 얼굴에 환한 웃음이 번졌지요. 그 모습을 본 다른 친구들은 마냥 부럽기만 했어요. 인선이가 포도를 그려 넣은 순간, 비단 치마는 누구나 탐낼 만큼 멋스럽고 아름다운 작품이 되었으니까요.

"괜찮아. 네가 기뻐해서 나도 좋았는걸!"

인선이는 친구에게 돈을 도로 돌려주었어요. 처음부터 무언가를 바라고 한 일이 아니었으니까요. 그보다 제 그림이 친구에게 도움이 되었다는 사실이 무척 흐뭇했어요. 자신의 작은 재주로 누군가를 행복하게 해 줄 수 있다면 더 바랄 것이 없다고 생각했지요.

"인선아, 정말 고마워."

친구는 눈물을 글썽이며 인선이의 손을 잡았어요. 인선이도 왠지 코끝이 찡해서 친구를 꼭 안아 주었어요.

이곳저곳 둘러보며 실컷 구경을 한 인선이는 그네를 타러 갔어요. 높은 나뭇가지에 길게 매어 놓은 그넷줄을 잡고 동네 처녀들이 신나게 바람을 가르고 있었어요. 그네가 오르락내리락 할 때마다 색색의 치마가 풍성하게 부풀어 올랐어요. 마치 커다란 꽃봉오리 같았지요.

그네에 오른 인선이는 발을 구르며 바람에 몸을 맡겼어요. 몸이 가볍게 붕 떠오르자 하늘로 날아갈 것 같았어요. 멀리서 꽹과리와 북, 장구와 징 소리가 어우러져 신명 나는 풍악 소리가 들려왔어요. 덩실덩실 춤을 추는 사람들부터 냇가에서 창포물로 머리를 감는 여인들의 모습까지 죄다 한눈에 들어왔지요. 한껏 멋을 낸 동네 처녀들도, 아이를 업은 아낙들도, 모두 활짝 웃고 있었어요.

한없이 행복해 보였어요. 오늘만큼은 여자들도 집 밖으로 나와 자유롭게 즐길 수 있었으니까요.

인선이는 그네에서 내려와 챙겨 온 종이와 붓을 꺼냈어요. 여인들의 생기 넘치는 얼굴을 그리며 매일매일 오늘만 같았으면 좋겠다고 생각했지요. 단오제가 끝나면 다시 예전의 생활로 돌아가야 할 테니까요. 이때는 여자들이 집안 살림만 잘하면 된다는 생각에 글을 배우는 일이 드물었어요. 다행히 인선이는 집안 어른들 덕분에 글을 깨우치고 학문을 익힐 수 있었지만, 넓은 세상에 나아갈 수 없는 처지는 별로 다를 게 없었지요.

'여자는 가슴에 품은 뜻을 이룰 수 없는 것일까?'

이대로 나이가 차서 혼인을 하면 인선이도 누군가의 아내가 되고, 어머니가 되어 다른 여인들과 비슷한 삶을 살게 될 거예요. 하지만 그것만으로는 어쩐지 마음 한 구석이 텅 빈 것처럼 허전하고 아쉬웠어요. 인선이는 혼자 곰곰이 생각에 빠져들었어요. 그렇게 오랜 고민 끝에 드디어 마음을 다잡았지요.

"그래. 한 번 뜻을 세웠다면 그 뜻을 꺾어서는 안 돼!"

인선이는 자신의 뜻을 펼치기 위해 스스로 '사임당'이라 호를 지었어요. '사임당'이란 호에는 중국 문왕의 어머니인 태임을 스승으로 삼고 싶다는 뜻이 담겨 있어요. 태임은 지혜로운 어머니이기도

했지만 학문을 닦고 덕을 쌓아 군자처럼 살았던 사람이기도 했지요. 인선이도 태임처럼 부지런히 공부하고, 덕을 쌓아 어질고 현명한 사람이 되기로 마음먹었어요. 그런 마음가짐을 갖는 것이 세상에서 벼슬을 하고 출세를 하는 것보다 더욱 중요하다고 여겼기 때문이에요.

"난 여인이지만 군자*와 같은 삶을 살며 내 뜻을 꼭 이루고 말 거야!"

꿈 많은 소녀 신인선은 처음으로 자신이 그린 그림 한쪽에 '사임당'이라 정성껏 써 넣었어요. 그렇게 자신이 정한 운명을 당당히 맞이하며 신사임당으로서 새로운 삶을 시작하게 되었지요.

★ **군자** 행실이 점잖고 어질며 덕과 학식이 높은 사람.

비 온 뒤에
굳은 땅처럼

"우리 인선이가 벌써 열아홉이라니. 세월이 참 빠르구나."

아버지는 어엿하게 자란 딸을 멀찍이서 바라보았어요. 어릴 때부터 속이 깊고 지혜로워 주변 사람들을 기쁘게 한 딸이었어요. 아버지에게는 눈에 넣어도 아프지 않을 만큼 사랑스러운 자식이었지요.

그런데 때가 되어 귀한 딸을 시집보내려 하니 여간 서운한 게 아니었어요. 딸이 눈앞에서 멀어진다고 생각하면 금세 마음이 쓸쓸해졌지요. 한편으로는 딸이 시집 살림을 하느라 타고난 재능을 펼치지 못하면 어쩌나 걱정이 되기도 했어요.

생각이 많아진 아버지는 딸을 위해 무엇을 해 줄 수 있을지 고민

했어요. 그러다 진심으로 딸을 이해해 줄 수 있는 청년과 부부의 연을 맺어 주기로 결심했지요. 아버지가 찾은 신랑감은 한양에 사는 스물한 살 된 청년 이원수였어요. 그렇게 신사임당은 열아홉 살에 아버지가 정해 준 짝과 혼인을 하게 되었지요.

남편 이원수는 아버지의 바람대로 마음이 넓고 다정한 사람이었어요. 아내의 뛰어난 재능을 높이 사며 아낌없이 칭찬을 해 주었지요.

그런 남편 덕에 신사임당은 혼인을 한 뒤에도 친정인 강릉 집에 머무를 수 있었어요.

"당신이 바로 한양으로 떠나면 아버님, 어머님이 얼마나 적적하시겠소. 당분간 곁에서 잘 보살펴 드립시다."

"그리 마음을 써 주시니 정말 고맙습니다."

신사임당은 남편의 배려에 가슴이 따뜻해졌어요. 사실은 전부터 나이 드신 부모님을 두고 떠날 생각에 근심이 많았거든요. 게다가 혼인한 뒤에도 마음껏 좋아하는 시를 짓고, 그림을 그릴 수 있다고 생각하니 마음이 한결 편안해졌지요.

신사임당은 남편과 함께 친정 부모님을 모시며 하루하루 행복한 나날을 보냈어요. 그러던 어느 날, 생각지도 못한 소식이 불쑥 날아들었어요. 잠시 한양에 갔던 아버지가 돌아오는 길에서 병을 얻어 돌아가셨다는 거예요. 신사임당이 혼인을 한지 겨우 석 달 만에 일어난 일이었어요.

"아닐 겁니다. 아버지가 그리 허망하게 돌아가실 리 없습니다."

신사임당의 목소리가 바르르 떨렸어요.

아버지는 전에도 큰 병으로 몸져누운 적이 있었지만 다시 기운을 차리고 일어났어요. 신사임당의 어머니가 먹지도, 자지도 않고 꼬박 일곱 날을 새우며 정성껏 기도를 올린 덕분이었지요. 그런 일이 있었기에 더욱 아버지가 돌아가셨다는 사실이 믿기지 않았어요. 그건 어머니도 마찬가지였지요. 어머니는 큰 충격에 말을 잃고 자리에 털썩 주저앉았어요. 신사임당은 어머니를 부축하며 울음을 터트리고 말았지요.

'아버지를 그 먼 곳에서 혼자 가시게 하다니……. 이 불효를 어쩌면 좋습니까.'

하늘이 무너져 내리는 것 같았어요. 신사임당에게 아버지는 하늘처럼 높고 든든한 분이었으니까요. 딸을 위해서라면 무엇이든 아낌없이 주려고 했던 아버지께 끝까지 효도를 다하지 못한 것 같아 마음이 찢어질 듯 아팠어요.

정성을 다해 아버지를 보내드리고 난 뒤, 신사임당은 텅 빈 사랑방에 들어가 보았어요. 그곳에서 아버지의 손때가 묻은 물건을 정

리하다 비단 주머니에 담긴 그림 한 장을 발견하게 되었지요. 꽈리와 방아깨비를 그린 그림이었는데, 드문드문 송곳에 찍힌 것처럼 작은 구멍이 나 있었어요.

"이것은……. 아버지가 이걸 여태껏 가지고 계셨다니."

신사임당은 오래전 자신이 그렸던 그림을 자세히 들여다보았어요. 그러자 아버지와 함께 했던 추억이 생생하게 되살아나는 듯했어요.

어린 시절, 탐스럽게 열린 주홍빛 꽈리에 방아깨비가 앉은 걸 보고 그림으로 그려 아버지께 보인 적이 있었어요. 아버지는 언제나 그렇듯 그림을 볕에 정성껏 말려 주었지요. 그런데 뜰에 풀어놓았던 닭이 갑자기 뾰족한 부리를 들이대며 그림을 쪼아 먹지 뭐예요. 그림 속 방아깨비가 하도 진짜 같아서 닭도 착각을 한 모양이었어요. 아버지는 그걸 보고 깜짝 놀라 급히 닭을 쫓았어요. 그러고는 흠집이 난 그림을 빤히 보며 말했지요.

"허어, 과연 닭이 착각할 만하다. 우리 딸 그림은 진짜보다 더 진짜 같구나."

그 뒤로 집에 친구들이 찾아올 때마다 그때의 일을 두고두고 자랑삼아 이야기했어요. 어린 신사임당의 머리를 쓰다듬으며 다정하게 웃던 그 얼굴이 지금도 눈에 선했지요.

"아아, 아버지!"

신사임당은 그림을 가슴에 꼭 끌어안았어요. 자신을 두 팔로 번쩍 들어 안아 주던 아버지의 든든한 품이 그리웠어요. 이내 눈시울이 뜨거워졌지요.

어느새 사랑방으로 걸음을 한 남편은 깊은 생각에 잠긴 아내에게 조심스레 말을 건넸어요.

"실은, 아버님께서 처음 이곳으로 나를 부르셨을 때, 그 그림을 보여 주며 말씀하셨소. 딸이 좋아하는 그림을 마음껏 그리게 해 주고 싶다고."

"아버지가요?"

신사임당이 놀라서 묻자, 남편은 아버지와 나누었던 이야기를 들려주었어요.

"얼마간이라도 당신이 친정에서 재능을 펼칠 수 있도록 도와달라고 부탁하셨소. 나는 아버님의 깊은 뜻을 알기에 흔쾌히 그러겠노라 약속을 드렸다오."

남편의 말에 신사임당은 참았던 눈물이 왈칵 쏟아졌어요. 끝까지 딸만 생각했던 아버지의 사랑에 가슴이 뭉클해진 거예요. 아버지는 모든 것을 아낌없이 주려고 했는데, 자신은 드린 것이 별로 없는 것 같아 마음이 아팠어요.

　남편은 아버지를 잃은 슬픔에 힘겨워 하는 아내를 안타깝게 바라보았어요. 그러고는 생각 끝에 먼저 말을 꺼냈어요.
　"내 마음이 이리 아픈데, 당신은 오죽하겠소. 아버님의 삼년상을 치르고 천천히 한양으로 오시오."
　남편은 신사임당이 친정에서 삼년상을 치르며 어머니를 돌볼 수 있도록 해 주었어요. 아내의 슬픔을 조금이라도 덜어 주려는 생각이었지요. 그 덕에 신사임당은 몸과 마음이 허약해진 어머니를 보살피며 슬픈 마음을 조금씩 추스를 수 있었어요. 신사임당은 어릴 때 그랬던 것처럼 어머니 곁에서 수를 놓으며 적적하지 않도록 말벗이 되어 드렸어요. 어머니도 그런 딸을 의지하며 서서히 기운을 차렸지요.

신사임당이 강릉 집에 머무는 동안, 남편은 홀어머니가 계시는 한양과 강릉을 오가며 지냈어요. 신사임당은 그런 남편에게 고마운 마음이 컸지만, 한편으로는 걱정이 되기도 했어요. 큰뜻을 세워 나라에 보탬이 되어야 할 사람이 학문에는 별 관심을 보이지 않았기 때문이에요. 하루는 날을 잡아 신사임당이 남편에게 자신의 바람을 털어놓았지요.

"서방님이 부지런히 공부해 세상에 뜻을 펼치시는 것이 제 간절한 소원입니다."

"당신의 뜻이 정 그러하다면 나도 노력해 보겠소."

어릴 때부터 많은 책을 읽어 학식이 깊은 신사임당은 그 뒤로 줄곧 남편을 뒷바라지하며 착실히 글공부를 도왔어요. 늦은 밤까지 책 읽는 남편 곁을 지키며 붓글씨를 쓰거나, 시를 짓고, 그림을 그렸지요.

신사임당은 아버지의 사랑을 되새기며 마음을 더욱 굳건히 했어요. 비온 뒤에 땅이 단단히 굳어지듯, 아픔을 딛고 일어나 하루하루를 더욱 소중하게 여기며 살게 되었지요.

놋 쟁반에 핀 매화꽃

아버지의 삼년상이 끝나자 어머니는 신사임당을 조용히 불렀어요.

"그간 친정에서 자식 된 도리를 다 했으니 이제 그만 시댁으로 가거라. 너를 기다리고 계실 것 같구나."

신사임당은 어머니를 두고 먼 길을 떠날 생각에 마음이 무거웠어요. 하지만 어머니의 뜻을 묵묵히 따르기로 했지요. 생각이 깊고 마음가짐이 바른 어머니는 결코 가볍게 말을 꺼내는 분이 아니었거든요. 신사임당은 그런 어머니를 늘 본받고 싶었어요.

"어머니, 다시 뵐 때까지 부디 몸 건강히 계셔야 해요."

몇 번이나 안타깝게 돌아보는 딸을 어머니는 애틋한 눈으로 떠나보냈어요. 혹시라도 딸이 보면 가슴 아파할까 봐 속으로만 뜨거운 눈물을 삼켰지요.

"내 걱정은 말고, 이 어미를 대하듯 마음을 다해 시어머니를 보살펴 드리거라."

어머니의 말을 가슴에 새기며 신사임당은 떨어지지 않는 걸음을 옮겼어요.

먼 길을 걸어 드디어 한양에 있는 시댁에 다다르자, 시어머니가 반가운 얼굴로 며느리를 맞아 주었어요. 신사임당은 시어머니께 공손히 큰절을 올렸어요. 혼인을 한지 3년 만에 드리는 인사였지요.

"어머님을 모시는 데 부족함이 없도록 온 마음을 다하겠습니다."

신사임당은 강릉에 계신 어머니를 생각하며 시어머니를 정성껏 모셨어요. 항상 행동을 바르게 하고, 어떤 상황에도 말을 함부로 내뱉는 일이 없었지요.

시어머니를 살뜰히 모시며 살림을 도맡아 하는 중에도 신사임당은 시간을 내어 책을 읽고 붓글씨를 썼어요. 주위에서 보고 듣고 느낀 것들을 마음에 담아 시로 짓고, 그림으로 그려 냈지요. 그렇게 부지런히 하얀 종이 위에 자신의 꿈을 펼치다 보면 고단한

하루도, 친정어머니를 향한 그리움도 잠시 잊을 수 있었어요.

그러던 어느 날, 남편 이원수의 친구들이 집으로 찾아왔어요. 사랑채에서 담소를 나누던 친구들은 슬쩍 눈치를 보며 신사임당의 이야기를 꺼냈어요. 이미 신사임당의 재주에 대해 소문으로 들어 알고 있었거든요.

"자네 부인이 그렇게 그림을 잘 그린다면서? 소문이 아주 자자하더구먼."

아내를 자랑스럽게 여기던 남편은 넉살 좋게 너스레를 떨었어요.

"한양에서 그림깨나 그린다는 자네들도 직접 보면 아마 깜짝 놀랄 걸세."

"에이, 그래 봐야, 아녀자* 아닌가! 그림을 잘 그려 봤자지. 안 그런가?"

★ **아녀자** 어린이와 여자를 아울러 이르는 말.

한 친구가 이죽거리자 옆에 있던 친구들도 슬슬 부추겼어요.

"그리 자신 있으면 어디 한 번 구경이나 시켜 주게. 내 두 눈으로 보기 전에는 도저히 못 믿겠으니 말이야."

남편은 자신만만한 얼굴로 냉큼 몸종으로 부리는 계집아이를 불렀어요.

"부인께 일러서 무엇이든 좋으니 그림 한 점만 그려 달라 전하거라."

안채에서 그 말을 전해 들은 신사임당은 참으로 난처할 따름이었어요.

"이리 갑자기 부탁을 하시니, 어쩌면 좋을꼬."

일부러 빼어난 솜씨를 드러내 뽐내고 싶지도 않았지만, 마음의 준비 없이 급하게 그린 그림을 내보이고 싶지도 않았어요. 그렇다고 남편의 부탁을 거절해 친구들 앞에서 체면을 구기게 할 수도 없는 노릇이었지요.

신사임당은 책상에 펼쳐 놓은 종이와 붓을 가만히 내려다보았어요. 종이에 그림을 그려 보내면 사람 좋은 남편이 친구에게 선물로 내어 줄지도 모를 일이었어요. 그러다 그 그림이 세상에 나돌게 된다면 괜히 사람들의 입방아에 오르내릴 수도 있었어요. 여자가 그림을 그리는 것을 곱지 않은 눈으로 보는 사람들이 많았으니까요.

신사임당은 일단 마음을 차분히 가라앉히려고 몸종 아이에게 차 심부름을 시켰어요. 아이는 금세 놋 쟁반에 찻잔을 받쳐 내밀었지요. 그걸 본 신사임당의 눈이 반짝 빛났어요.

"그래, 이거면 되겠구나!"

신사임당은 아이가 가져온 동그란 놋 쟁반에다 그림을 그리기 시작했어요. 눈 깜짝 할 사이에 가느다란 가지마다 고운 매화꽃들이 활짝 피어났어요. 싱그러운 꽃잎에선 깊고 맑은 매화 향이 배어날 것 같았지요.

"이걸 진짜 자네 아내가 그렸단 말인가?"

놋 쟁반에 그려진 매화꽃을 본 친구들은 눈이 휘둥그레졌어요.

"더러운 세상에 물들지 않는 매화꽃이라, 그린 이의 절개가 느껴지는 그림이구먼."

"허어, 놋 쟁반에 그림을 그릴 생각을 하다니, 여간 지혜로운 여인이 아닐세."

친구들은 깜짝 놀라며 저마다 한마디씩 했어요. 그러나 그중 몇몇은 사랑채를 나서며 쑥덕쑥덕 뒷말을 했지요. 자신들보다 뛰어난 재능을 가진 여인이 있다는 게 영 못마땅했거든요.

"쯧쯧, 여인에게는 참으로 분에 넘치는 재주일세, 아니 그런가?"

"그러게 말일세. 부인이 저리 뛰어나니 남편이 어디 기를 펴고 살 수 있겠는가? 이원수, 저 친구도 참 딱하구먼."

사랑채로 가던 길에 우연히 그 말을 듣게 된 신사임당은 무척 마음이 상했지만 내색하지 않았어요. 그보다 남편이 더욱 걱정이 되었어요. 열심히 학문을 닦아 어엿한 인재로 나랏일을 해야 할 남편이 공부는 멀리 하고, 친구들과 어울려 시간을 헛되게 보내고 있으니 말이에요. 답답한 마음에 긴 한숨만 나왔지요.

어느덧 계절이 바뀌어 가을이 되었어요. 신사임당은 시댁에서 맞은 첫 가을에 아들 선을 낳았어요. 첫 아이를 낳고 나니 친정어머니 생각이 더 간절해졌지요. 신사임당은 귀여운 아이를 품에 안으며 자신도 친정어머니처럼 지혜롭고 다정한 어머니가 되어 아이들을 사랑으로 가르치겠다고 마음먹었어요.

그렇게 몇 년이 더 흐른 뒤, 강릉에서 기쁜 소식이 도착했어요. 나라에서 어머니에게 열녀문★을 세워 주기로 한 거예요. 아픈 남편을 위해 몸을 아끼지 않고 간호했던 어머니가 많은 이들의 본보기가 된 것이었지요. 그 소식을 들은 시어머니는 신사임당이 친정에 내려가 지낼 수 있도록 마음을 써 주었어요. 덕분에 신사임당

★ **열녀문** 남편이 죽은 후에도 재혼하지 않고 절개를 지킨 여성의 행적을 기리기 위해 세운 문.

은 그리웠던 어머니 곁에 머무를 수 있게 되었어요.

 신사임당이 강릉 집으로 내려오고 얼마 지나지 않아, 맏딸 매창이 태어났어요. 신사임당을 꼭 닮은 아이였지요. 아내가 친정에서 아이를 낳고 돌보게 되자 자연스레 남편은 다시 한양과 강릉을 오가게 되었어요. 그런 남편을 걱정스레 지켜보던 신사임당은 고민 끝에 조심스럽게 입을 떼었어요.

"뜻을 세우고 학문을 닦아 세상에서 필요한 사람이 되는 것이 얼마나 중요한 일인지 서방님도 잘 알고 계시지요?"

"알다마다요. 그런데 갑자기 그건 왜 묻는 것이오?"

 남편은 너무나 당연한 말에 고개를 갸웃거렸어요. 그러자 신사임당은 자신의 굳은 결심을 남편에게 말했어요.

"10년 동안 저와 떨어져 지내며 부지런히 학문을 닦으십시오. 그런 뒤에 다시 만나는 것이 좋겠습니다."

 신사임당의 태도가 하도 단호해서 남편도 더는 말을 꺼내지 못했어요. 우선은 그러겠다고 답했지요. 하지만 의지가 약한 남편은 집을 나섰다가 멀리 가지도 못하고 다시 돌아왔어요.

"그냥 당신과 아이들 곁에 있으면 안 되겠소?"

"서방님께서 품으신 뜻을 이룰 때까지는 오로지 한 길만 보셔야 합니다."

신사임당은 남편이 마음을 잡을 수 있도록 일부러 냉정하게 대했어요. 그러나 이튿날도, 그다음 날도 남편은 다시 집으로 돌아오고 말았어요.

결국, 신사임당은 남편을 위해 마음을 모질게 먹기로 했어요.

"아무래도 제가 서방님께 방해가 되는 듯합니다. 차라리 절로 들어가 평생을 서방님을 위해 기도를 드리며 살겠습니다."

그 말에 남편은 화들짝 놀라 고개를 절레절레 저었어요.

"당신이 절에 들어가다니, 아니 될 말이오. 내가 노력하겠소. 그러니 제발 그런 말은 마시오."

남편은 마음을 바꿔 그 길로 집을 나섰어요.

'부디 큰 뜻을 펼치실 수 있기를…….'

신사임당은 멀어지는 남편의 뒷모습을 바라보며 마음속으로 빌고 또 빌었어요.

훌륭한 스승

어느덧 네 아이의 어머니가 된 신사임당은 강릉의 봉평이란 마을에서 지내고 있었어요. 남편이 여전히 벼슬을 하지 못해 집을 여러 번 옮기고 넉넉하지 못한 살림을 꾸려야 했어요. 하지만 고단한 중에도 아이들에게 틈틈이 책을 읽어 주고, 재미난 옛이야기를 들려주었어요. 덕분에 아이들은 매일 밤 어머니 옆에서 도란도란 이야기꽃을 피울 수 있었지요.

"어머니, 조금만 더 들려주세요. 조금만 더요."

"그래서 그 형제들은 어찌 되었나요?"

저녁이 되면 아이들은 초롱초롱한 눈으로 졸라 댔어요. 신사임

당은 사랑스러운 아이들의 얼굴을 둘러보며 빙그레 웃었어요.

"형제는 그 뒤로도 서로 의지하며 행복하게 잘 살았단다. 너희들도 어려운 일이 있을 때는 사이좋게 도우며 지내야 하느니라."

"예! 어머니."

아이들의 씩씩한 목소리에 신사임당의 얼굴에도 환한 미소가 번졌어요.

"너희가 효를 다하고 우애를 다져, 훗날 세상에 나아가서도 다른 이들을 소중히 여기는 사람이 되었으면 좋겠구나."

아이들은 어진 어머니 밑에서 건강하고 지혜롭게 무럭무럭 자랐어요. 그렇게 아이들이 크는 모습을 지켜보며 바지런히 살아가던 어느 날이었어요. 단잠을 자던 신사임당은 깜짝 놀라 눈을 번쩍 떴어요. 간밤에 꾼 꿈이 참으로 신기했거든요. 아무리 생각해도 보통 꿈이 아닌 듯했지요.

꿈속에서 신사임당은 바다를 거닐고 있었어요. 강릉의 바다처럼 물빛이 짙고 푸르렀어요. 드넓은 수평선을 바라보며 근사한 경치에 취해 있는데 갑자기 바다 한가운데서 커다란 소용돌이가 일었어요. 그러더니 그 속에서 오색찬란한 빛을 뿜으며 아리따운 선녀가 모습을 드러냈지요. 선녀는 품에 아기를 꼭 안고 있었어요. 살결이 백옥 같이 희고 생김새가 맑고 깨끗한 사내아이였어요. 그 모습이 하도 놀라워 신사임당은 넋을 놓고 바라보았어요. 그러자 선녀는 신사임당에게 다가와 아이를 조심스레 건네 주었어요.

"이렇게 귀한 아이를 내게 주시다니."

아이를 품에 안은 신사임당은 한없이 행복한 미소를 지었어요. 그러다 꿈에서 깨었는데 어찌나 생생하던지 아이의 하얀 피부며, 보드라운 감촉까지 하나하나 되살아나는 듯했어요.

'분명 태몽이 틀림없어.'

신사임당은 이 기이한 꿈이 아이가 태어날 것을 알려 주는 태몽이라는 것을 알 수 있었어요. 그래서 그 뒤로는 늘 바른 자리에 앉고, 몸가짐을 단정히 하며, 선한 마음을 가지려고 노력했지요. 바르고 고운 성품은 아이가 배 속에 있을 때부터 길러진다고 생각했거든요.

그렇게 열 달이 다 되어 갔어요. 아이를 낳기 위해 친정에 온 신사임당은 다시 꿈을 꾸었어요. 이번에는 푸른 바다 위로 어마어마하게 커다란 흑룡이 날아올랐어요. 몸빛이 검고 눈이 부리부리한 용은 하늘을 높이 날아 순식간에 신사임당이 머물고 있는 방문 앞까지 이르렀어요. 그러고는 신비로운 기운을 내뿜으며 가만히 자리를 잡고 내려앉았지요.

흑룡은 눈부시게 아름다웠어요. 검고 단단한 비늘에 싸인 다부진 몸과 늠름한 자세는 신사임당의 마음을 사로잡았어요. 잠시도 눈을 뗄 수가 없었지요. 가슴이 벅차올랐어요. 신사임당은 잠에서 깨고 나서도 두근거림이 쉽게 가라앉지 않았어요.

'흑룡의 기운을 받아 튼튼하고 씩씩한 아이가 태어났으면…….'

얼마 지나지 않아, 정말 그 바람대로 건강한 사내아이가 태어났어요. 꿈에서 용을 보고 낳았다 해서 아이의 이름을 '현룡'이라 지었어요. 또한 아이가 태어난 방은 용꿈을 꾸었다는 뜻의 '몽룡실'

로 이름을 붙였지요.

갓 태어난 현룡이는 예전에 꿈에서 보았던 것처럼 피부가 깨끗하고 생김새가 훤칠했어요.

"장차 나라에 큰일을 할 대단한 인물이 되겠구나!"

현룡이는 식구들의 기대를 한몸에 받으며 자랐어요. 동네에서도 영리하고 슬기롭기로 소문이 자자했지요. 어린 나이에 글을 깨우치고 시를 지어 주위를 깜짝 놀라게 하기도 했어요.

한 번은 이런 일도 있었어요. 현룡이가 세 살이 되던 해였지요. 이웃집에서 석류를 얻어 온 현룡이는 기쁜 마음으로 외할머니에게 가져다 드렸어요.

"할머니, 이거 드세요."

"아이고, 기특한 우리 손자. 석류가 빨갛게 잘도 익었구나. 어서 너도 먹으렴."

외할머니는 석류를 먹기 좋게 잘라 현룡이에게 주었어요. 현룡이는 작은 손에 석류를 들고 이리저리 한참을 살펴보더니 입을 열었어요.

"석류 껍질 속에 붉은 구슬이 부서져 있네."

예전에 읽은 시 구절이 그 순간에 번뜩 떠오른 거예요.

"우리 현룡이는 참으로 신통방통하구나!"

외할머니는 어린 손자가 조그만 입술로 시를 읊는 모습이 대견해서 함박웃음을 지었지요. 꼭 딸의 어린 시절을 보는 것 같았거든요. 현룡이는 신사임당의 총명함뿐만 아니라, 따뜻한 마음씨도 그대로 물려받은 아이였어요. 어릴 때부터 부모님을 생각하는 효심 또한 지극했지요.

현룡이가 다섯 살 때 신사임당이 병으로 몸져누운 적이 있었어요. 집안 식구들은 신사임당을 간호하느라 모두 정신이 없었지요. 그런데 걱정스럽게 어머니 곁을 지키고 있던 현룡이가 갑자기 보이지 않았어요. 식구들은 온 집 안을 뒤지며 현룡이를 찾아 나섰지요.

그때, 문이 빼꼼 열려 있는 사당 안에서 현룡이의 목소리가 들렸

어요.

"제발 저희 어머니 병을 낫게 해 주세요. 이렇게 빌고 또 빌겠습니다."

현룡이는 바닥에 몸을 납작 엎드리고 기도를 드리고 있었어요. 그걸 본 식구들은 금세 가슴이 뭉클해졌지요. 어머니를 생각하는 현룡이의 간절한 마음이 느껴졌거든요.

나중에 병이 나아 기운을 되찾은 신사임당은 현룡이의 이야기를 전해 듣고는 어린 아들을 품에 꼭 안아 주었어요.

"네 간절한 기도 덕분에 이 어미가 일어날 수 있었나 보구나. 참으로 고맙구나."

"전 그저 어머니가 하시는 대로 따라 했을 뿐인걸요."

현룡이는 쑥스러운 듯 배시시 웃었어요. 평소 친정어머니를 극진히 모시며 효도를 다하는 어머니를 보며 현룡이도 자연스레 부모를 공경하는 마음을 지니게 된 것이었지요. 이처럼 신사임당은 항상 부모님을 공경하는 태도를 몸소 보여 주며 아이들이 스스로 배울 수 있도록 가르쳤어요. 그리고 시간이 날 때마다 아이들과 함께 많은 이야기를 나누었지요.

"사람이 살아가면서 가장 중요하게 여겨야 할 것이 무엇이냐?"

어머니의 물음에 아이들은 저마다 생각을 자유롭게 털어놓았어요.

"뛰어난 학문으로 세상에 이름을 널리 알리는 것입니다."

"높은 벼슬을 얻어 출세하는 것이 아닙니까?"

신사임당은 그 얘기를 가만히 듣고 있다가 나지막이 답했어요.

"가장 중요한 것은 뜻을 세우는 거란다. 또한 뜻을 세웠다면 반드시 그것을 이루려는 강한 의지를 가져야 하느니라."

그러자 큰 아들 선이 고개를 갸웃거리며 물었어요.

"어머니, 타고난 재주와 능력이 부족한 사람도 뜻을 이룰 수 있습니까?"

그 말을 들은 신사임당은 너그러운 얼굴로 타이르듯 말했어요.

"타고난 것은 바꿀 수 없지만, 마음만은 노력을 통해 지혜롭게 바꿀 수 있느니라. 그러니 이름을 떨치고 높은 벼슬을 얻는 것보다, 뜻을 바로 세우고 그 뜻을 이루려 노력하는 것이 더욱 중요한 거란다."

현룡이는 어머니의 말을 마음 깊이 새기며 부지런히 학자의 꿈을 키워 나갔어요. 신사임당은 그런 아들에게 기꺼이 훌륭한 스승이 되어 주었지요. 이 아이가 바로 훗날 조선의 유명한 학자가 된 율곡 이이예요.

마음으로 세상을 보는 눈

"어머니, 이것 좀 보세요. 대나무밭에서 참새들이 도란거리고 있어요."

큰딸 매창이가 호기심 가득한 얼굴로 소곤거렸어요. 별채 뒤뜰에는 까마귀처럼 검은 빛을 띠는 대나무들이 빽빽하게 자라 있었어요. 매창이는 그 앞에 쪼그리고 앉아 혹시나 참새들이 날아갈까 숨을 죽이고 있었지요.

"무슨 얘기를 저리 재미나게 할꼬?"

신사임당이 빙긋 웃으며 다가가자 매창이가 속닥속닥 귓속말을 했어요.

"저희들끼리 세상 구경한 얘기를 나누려나 봐요."

들뜬 얼굴로 바라보는 딸을 신사임당은 다정하게 보듬어 주었어요. 매창이는 신사임당을 쏙 빼닮은 딸이었어요. 어머니처럼 지혜롭고, 그림 솜씨도 뛰어나 '작은 신사임당'으로 불리었지요.

'나도 저만 할 때가 있었는데.'

매창이를 가만히 보고 있던 신사임당은 문득 어린 시절을 떠올렸어요. 뒤뜰에서 꽃과 벌레를 들여다보고 있으면 어느새 친정어머니가 다가와 살갑게 말을 걸어 주었지요. 어머니의 부드럽고 따뜻한 목소리는 그때나 지금이나 신사임당의

마음을 포근하게 감싸 주었어요.

"우리 인선이는 마음으로 세상을 보는 귀한 눈을 가졌구나."

어머니의 말처럼 신사임당은 세상 모든 것에 관심을 갖고 눈과 마음에 담으려 노력했어요. 다른 사람이라면 그냥 지나쳤을 보잘 것 없는 것들도 오래 들여다보면서 마음 깊이 느껴 보았지요. 그러다 보면 그것들이 머릿속에서 살아 움직이다 저절로 그림이 되었어요. 새하얀 종이 위에서 다시 새로운 생명을 얻게 되는 것이었지요.

"너를 보니 비로소 알 것 같구나. 마음으로 세상을 보는 눈이 무엇인지."

"네? 마음으로 세상을 보는 눈이라니요?"

어리둥절해서 묻는 매창이를 보며 신사임당은 빙그레 웃었어요. 꼭 어린 시절의 자신을 보는 것 같았거든요. 관심이 생기면 시간 가는 줄도 모르고 뚫어져라 보는 것도, 시를 짓고 그림 그리기를 좋아하는 것도 꼭 닮았지요.

신사임당은 가느다란 줄기가 위로 곧게 뻗은 대나무를 가리키며 말했어요.

"하늘로 솟을 듯 힘찬 기운이 느껴지는구나. 그렇지 않으냐?"

"네. 꼿꼿하게 서 있는 모습이 올곧은 선비를 보는 것 같아요."

매창이가 또랑또랑한 목소리로 답하자 신사임당은 다시 물었어요.

"그럼, 저 대나무 속이 텅 비어 있는 것도 알고 있느냐?"

"그럼요, 어머니. 그것 또한 깨끗하게 마음을 비운 선비와 꼭 닮았잖아요!"

신사임당은 흐뭇한 눈으로 매창이를 바라보았어요. 그러고는 세상을 눈과 마음에 담는 것에 대해, 그것을 그림으로 그려 내는 것에 대해 수많은 이야기를 나누었지요.

매창이의 빼어난 그림 솜씨를 기특하게 여긴 신사임당은 기회가 될 때마다 함께 산책을 했어요. 계절마다 다르게 피는 꽃과 열매를 자세히 살피고, 그 속에서 살아가는 풀벌레와 작은 들짐승을 들여다보게 해 주었지요.

그림에 재미를 붙인 매창이는 어머니와 함께 관찰하고, 그림을 그리며 많은 것을 배웠어요. 그 덕에 그림 실력도 나날이 훌륭해졌어요.

"작고 하찮아 보이는 것도 오래 들여다보면 그 소중함을 알 수 있지. 세상의 모든 생명은 이유 없이 태어난 것이 하나도 없단다."

"네. 어머니. 전 이다음에 커서 어머니처럼 멋진 그림을 그리고 싶어요!"

명랑하게 대답하는 매창이를 보며 신사임당은 마음속으로 기도했어요. 매창이가 어른이 되었을 때는 지금보다 더 나은 세상이 되기를. 그래서 딸이 그 꿈을 마음껏 펼칠 수 있기를 간절히 바랐지요.

 어느새 매창이는 그림 그리기에 푹 빠져 있었어요. 신사임당도 그 옆에 자리를 잡고 앉아 준비한 종이와 붓을 꺼내 들었어요. 푸른 하늘 위로 한 무리의 철새들이 날아가고 있었어요.

 '저 새들은 참 좋겠구나. 훨훨 날아 어디로 가는 걸까?'

 신사임당의 마음 한 구석에는 여전히 날고 싶은 소망이 자리 잡고 있었어요. 어린 시절 나비가 되기를 꿈꾸었듯이 말이에요. 그렇게 자유롭고 싶은 마음을 나비와 잠자리, 꿀벌의 모습으로 그려 넣었지요.

 '그래, 이 화폭*에 내가 세운 뜻과 꿈을 펼쳐 보아야겠구나.'

 신사임당은 다시금 마음을 다잡고 그림 그리기에 열중했어요. 하얀 종이는 꿈을 펼칠 수 있는 무대가 되고, 무엇이든 할 수 있는 너른 세상이 되어 주었지요.

 신사임당은 주어진 삶 속에서 최선을 다하며 자신이 세운 뜻을

★ **화폭** 그림을 그려 놓은 천이나 종이의 조각.

이루려 노력했어요. 자유롭게 이곳저곳을 돌아다니며 세상을 구경할 수 없는 대신 집 안팎에서 볼 수 있는 소소한 것들에게 관심을 기울였어요. 철철이 꽃밭을 화려하게 수놓는 양귀비와 원추리꽃, 맨드라미와 패랭이꽃, 접시꽃과 도라지꽃도 꼼꼼하게 그려 넣고, 밭에서 탐스럽게 익어가는 수박과 오이, 가지, 산딸기 같은 열매들도 화폭에 생생하게 담아냈어요. 또한 방아깨비와 사마귀, 개미와 쇠똥벌레, 매미 같은 풀벌레들과 개구리와 들쥐, 도마뱀 같은 작은 짐승들에게도 붓으로 새 생명을 불어넣어 주었지요.

이렇듯 소박하면서도 아름다운 자연을 담아 신사임당은 여덟 폭 병풍에 「초충도」를 그렸어요. 「초충도」는 꽃과 풀, 곤충들을 그린 그림인데, 연한 먹과 물감으로 곱게 색을 입혀 아름다운 빛깔을 더했지요. 「초충도」에는 자손이 잘 되길 바라는 마음과 사람이 마땅히 지켜야 할 도리에 대한 신사임당의 생각이 고스란히 스며들어 있어요.

그림 실력뿐 아니라, 마음을 부지런히 가꾸려 노력했던 신사임당은 붓글씨에도 남다른 재능을 보였어요. 때때로 마음이 흐트러질 때면 자세를 바로 하고 벼루에 정성껏 먹을 갈았어요. 그러고는 한 자 한 자 써 내려가며 마음을 깨끗이 가다듬었어요.

"글씨를 쓰는 것 또한 시를 짓고 그림을 그리는 것처럼 마음을

 갈고닦는 것이란다. 그러니 욕심을 버리고 온 정신을 모아야 하느니라."

 아이들은 붓글씨를 쓰는 어머니를 보면서 올바른 생각과 마음가짐을 지니려 애썼어요. 책을 많이 읽고, 덕을 쌓아 마음을 단련하면 그것이 붓글씨를 쓸 때도 그대로 드러난다고 생각했거든요. 글씨체를 보면 그 사람의 됨됨이를 알 수 있었지요.

 신사임당의 글씨는 물 흐르듯 자연스러웠어요. 바르고 고운 마음처럼 글씨체도 단정

하고 우아했어요. 그리고 절대 재주를 뽐내기 위해 글씨를 쓰는 일이 없었어요. 오로지 자신의 마음을 굳건히 다스리기 위해 붓을 들었지요.

  훗날, 신사임당의 아이들은 재능이 뛰어난 인재로 자라났어요. 그중에서도 큰딸 매창이는 어머니를 닮아 시, 붓글씨, 그림에서 빼어난 실력을 보였어요. 어릴 때부터 어머니에게 그림을 배우며 실력을 기른 덕에 어머니처럼 매화를 잘 그렸고, 사계절의 풍경을

담아 그린 근사한 수묵화도 남겼지요.

　막내 우 또한 어머니의 글씨와 그림을 보고 자라며 부지런히 연습해 붓글씨와 그림에서 재능을 보였어요. 특히 어머니처럼 꽃과 풀벌레, 포도 등의 그림을 잘 그렸어요. 그리고 시간이 날 때마다 거문고를 타며 즐겼는데 그 연주 솜씨 또한 무척 훌륭했지요.

　이처럼 아이들이 저마다 자신의 재능을 부지런히 갈고닦으며 노력할 수 있었던 것은 그 앞에서 몸소 본을 보인 어머니, 신사임당의 가르침이 있었기 때문이에요.

사무치는 그리움

 거센 바람이 씽씽 귓가를 스쳤어요. 힘겹게 대관령 고개를 넘던 신사임당은 잠시 숨을 돌리기로 했어요. 높다란 언덕 위로 올라서자 굽이굽이 솟은 산등성이 너머로 그리운 풍경이 펼쳐졌어요. 친정집이 있는 강릉 땅을 쓸쓸히 내려다보고 있으려니 금세 눈시울이 붉어졌지요. 싸늘한 바람이 날카롭게 파고드는 것처럼 가슴이 시리고 아렸어요.

 '한양에서 기다리실 시어머님을 생각하면 발걸음을 서둘러야 하건만…….'

 신사임당은 시어머니를 모시기 위해 한양으로 떠나는 길이었어

요. 연세가 많은 시어머니를 보살피는 것은 며느리와 자식된 도리로서 당연한 일이라 생각했지요. 그러나 자신이 떠나고 친정집에 홀로 남게 될 어머니를 떠올리면 걱정이 되어서 마음을 편히 놓을 수가 없었어요.

'몸이 편찮으시면 어쩌지? 잘 드셔야 할 텐데. 내가 없다고 적적해하시진 않을까?'

마지막으로 본 어머니는 머리가 하얗게 세고 얼굴에는 굵은 주름이 가득했어요. 맑은 눈빛은 여전했지만 몸은 무척 허약해져 있었지요.

'어머니가 눈에 밟혀 걸음이 떨어지지 않는구나.'

어머니의 모습이 보일 리 없는데도 신사임당은 멀리 떨어져 있는 강릉 땅을 애타게 바라보았어요. 지금이라도 왔던 길을 되돌아가 어머니 곁에 머물고 싶었지만 그럴 수는 없었어요. 신사임당이 할 수 있는 것은 그저 마음으로 어머니의 건강을 비는 일뿐이었지요.

"어머니, 다시 뵈러 올게요. 그러니 부디 그때까지 건강하셔야 해요."

어머니를 다시는 볼 수 없을 것 같은 슬픈 생각이 들어 목이 메었어요. 눈가에는 뜨거운 눈물이 고였지요. 신사임당은 눈물에 젖어 흐릿해진 풍경을 바라보았어요. 그러자 서글픈 가슴에 짙은 안타까움이 구름처럼 가득 몰려들었어요. 신사임당은 이런 마음을 담아 시를 지었어요.

> 늙으신 어머님은 고향에 계시는데
> 이 몸 홀로 한양으로 가는 심정이여
> 돌아보니 북촌은 아득한데
> 흰 구름이 저물어 가는 산을 날아가네
>
> 「대관령을 넘으며 친정을 바라보다」

언덕 위로 세차게 휘몰아치던 바람이 차차 수그러들더니 두 볼을 부드럽게 어루만졌어요. 마치 눈물을 닦아 주는 듯했지요. 신사임당은 가만히 눈을 감고 바람을 느껴 보았어요.

'이 바람이 내 마음을 실어 어머니 계신 곳까지 전해 주면 좋겠구나.'

간절히 기도하는 마음으로 천천히 한 발, 한 발 다시 걸음을 옮기기 시작했어요. 애써 마음을 다잡고 발걸음을 내딛을 때마다 애틋하기만 한 강릉 땅은 조금씩 멀어져 갔어요.

한양에 도착한 신사임당은 수진방에 집을 구하고 시어머니를 모셔와 함께 살았어요. 수진방에서 시작한 한양 생활은 무척 고단하고 힘들었어요. 남편이 벼슬을 하지 못한 탓에 집안 형편은 점점 더 어려워졌어요. 신사임당은 넉넉하지 못한 살림에도 시어머니를 부족함 없이 모시려 애썼어요. 강릉에 있는 친정어머니를 대하듯 마음을 다해 보살폈지요.

이윽고 수진방 집에서 두 아이가 더 태어났어요. 그리하여 신사임당은 아들 넷, 딸 셋. 다복한 일곱 남매의 어머니가 되었지요. 신사임당은 일곱 아이들을 위해 더욱 알뜰살뜰 아끼며 검소하게 살림을 꾸려나갔어요. 하지만 어려운 살림에 일곱 아이들을 배불리 먹이고 입히는 것은 결코 쉬운 일이 아니었어요. 때로는 먹을 양식이 떨어질 정도로 힘겨운 때도 있었지요. 그럴 때는 신사임당이 직접 수를 놓아 주고 얻어 온 양식으로 어렵게 생활을 이어가기도 했어요.

"어머니는 우리 다섯 딸을 기르느라 얼마나 고생이 많으셨을까?"

신사임당은 일곱 아이를 기르며 친정어머니의 마음을 더욱 헤아리게 되었어요. 그럴수록 어머니를 그리워하는 마음은 점점 커져만 갔지요. 어머니 생각에 밤을 하얗게 지새우기도 하고, 남몰래 눈물을 흘리는 날도 많았어요.

늦은 밤, 수를 놓던 신사임당은 잠시 손을 멈추었어요. 하얀 천 위에 수놓아진 꽃과 나비를 보니 어린 시절 어머니께 처음 자수를 배운 일이 생각났어요. 어머니는 어린 신사임당에게 수놓는 법을 가르쳐 주면서 이런저런 이야기를 해 주었어요. 신사임당이 일곱 아이들에게 들려준 이야기는 모두 그 옛날 어머니의 이야기 주머니에서 나온 것들이었지요. 그때나 지금이나 어머니는 참 다정하고 지혜로운 분이었어요.

"하늘이 네게 특별한 눈을 주셨구나. 그 눈으로 아름답고 소중한 것들을 담아 많은 이들에게 기쁨을 주는 이가 되거라."

어머니는 늘 딸을 믿고 응원해 주었어요. 타고난 재능을 귀하게 쓸 수 있도록 생각을 바르게 일깨워 주었지요. 신사임당은 아직도 어머니에게 배우고 얻은 깨달음들을 가슴속에 새기고 있었어요. 그래서 아무리 생활이 고단하고 힘이 들어도 포기하지 않고 꿋꿋이 이겨나갈 수 있었지요.

"어머니, 보고 싶습니다."

어머니를 그리워하는 마음은 쌓이고 쌓여 시가 되었어요.

> 산 첩첩 내 고향은 천리건만
> 자나 깨나 꿈속에도 돌아가고파
> 한송정 가에는 외로이 뜬 달
> 경포대 앞에는 한줄기 바람
> 갈매기는 모래톱에 흩어졌다 모이고
> 고깃배들은 바다 위로 오고 가리니
> 언제나 강릉 길 다시 밟아 가
> 색동옷 입고 앉아 바느질할꼬
>
> 「사친 – 어머니를 그리다」

시를 짓고 나자 어머니의 따뜻한 품이 더욱 간절해졌어요. 한달음에 달려가 어릴 때처럼 어머니를 기쁘게 해 드리고 싶었지요.

같이 수도 놓고 외롭지 않게 도란도란 말동무도 되어 드리고 싶었어요. 하지만 신사임당에게는 돌보아야 할 식구들이 있었어요. 게다가 강릉은 너무나 먼 곳이었지요.

신사임당은 자신이 쓴 시를 읊으며 구슬픈 마음을 달랬어요. 눈물로 뿌예진 먼 하늘을 바라보며 어머니를 애타게 불러보았지요.

"어머니! 어머니가 사무치게 그립습니다."

할미새에
바람을 담아

    신사임당은 한쪽 구석에 놓인 문갑 서랍을 열어 보았어요. 미리 손질해 둔 붓과 물감을 꺼내 그림을 그리려던 참이었지요. 그런데 맨 아래 서랍에서 가지런히 정리된 종이 뭉치가 보였어요. 그동안 부지런히 그린 그림들을 차곡차곡 모아 둔 것이었지요.

    두꺼운 책처럼 묵직하게 쌓여 있는 그림들을 손끝으로 조심스레 어루만져 보았어요. 오래된 종이의 빛깔과 감촉이 지나온 세월을 고스란히 느끼게 해 주었지요. 한 장, 한 장 꺼내서 펼쳐 볼 때마다 추억이 새록새록 되살아나는 듯했어요.

    "아아, 이것은……."

    신사임당은 그림 하나를 발견하고는 반가운 옛 친구라도 만난

듯 활짝 웃었어요. 냇가에서 물을 먹고 있는 물소의 그림이었지요. 그림 속 물소를 보니 아이들이 어렸을 때 들려주었던 옛이야기가 생각났어요.

"옛날에 호랑이와 싸워 주인을 구한 소가 있었단다. 동물도 목숨을 다해 의리를 지키는데 하물며 사람은 어떠해야 되겠느냐."

아이들은 끝까지 의리와 믿음을 지킨 우직한 소의 이야기를 무척 좋아했어요. 계속 들려달라고 졸라 대는 바람에 같은 이야기를 몇 번이고 되풀이한 적도 있었지요. 신사임당이 옛이야기를 들려주며 사람이 지켜야 할 도리에 대해 물으면 아이들은 또랑또랑한 목소리로 저마다 자신의 생각을 말했어요.

그 모습이 하도 기특해서 아이들에게 물소 그림을 그려 주었지요. 그림을 보면서 어머니의 가르침을 오래오래 기억하기를 바랐거든요.

신사임당 또한 그림을 그리며 자신도 도리를

지키는 사람이 되리라 굳게 마음먹었어요.
 신사임당은 옛 기억을 떠올리며 차례차례 그림을 넘겨보았어요. 신사임당이 아끼는 그림 중에는 연밥과 백로 두 마리가 그려진 그림도 있었어요. 작고 앙증맞은 개구리밥이 떠 있는 물가에 두 마리의 하얀 백로가 노닐고 있는 그림인데 한쪽에는 연꽃의 열매인 연밥도 그려져 있었지요. 신사임당은 흐뭇한 얼굴로 천천히 그림을 들여다보았어요.
 '우리 아이들이 부지런히 공부해 과거에 급제하고, 혼인을 해서도 아들딸을 많이 낳아 행복하게 살게 해 주십시오.'
 아이들이 잘 되길 바라며 그렸던 그림을 보니 다시금 간절히 기도하는 마음이 되었어요. 예로부터 백로와 연꽃은 과거에 연달아 급제하기를 바라는 마음이 담겨 있었어요. 그리고 하얀 백로 두 마리는 사이좋은 부부를, 개구리밥과 연밥은 자식을 많이 낳아 행복하게 살라는 뜻이 담겨 있었지요.
 지금껏 신사임당은 그림을 그릴 때마다 늘 오래 생각하고 정성을 기울여 왔어요. 단순히 뛰어난 그림 솜씨를 뽐내는 것이 아니라, 그 속에 자신의 의지와 뜻을 담아내고 싶었기 때문이지요.
 "그림마다 이렇게 많은 이야기를 담고 있었다니."
 신사임당은 자신의 손을 거친 그림들을 애틋한 눈으로 바라보

앉어요. 한참을 그렇게 깊은 생각에 잠겨 있는데 무슨 일인지 바깥이 소란스러웠어요. 문을 열고 나가 보니 남편이 입이 귀에 걸릴 듯 싱글벙글 웃고 있었지요.

"부인, 우리 아들이 장원 급제를 했다오! 이렇게 경사스러운 일이 있나!"

남편은 총명하기로 소문난 율곡이 진사 시험에서 급제를 했다는 소식에 체면도 잊고 덩실덩실 어깨춤을 추었어요. 신사임당도 기쁜 소식에 가슴이 벅차올랐지요.

셋째 아들 이는 어머니가 용꿈을 꾸고 낳았다 해서 현룡으로 불리다가 크면서 율곡이라는 호를 얻게 되었어요. '율곡'은 밤나무 골이라는 뜻으로 어린 시절을 보낸 파주 율곡리의 지명에서 따온 것이었지요.

율곡의 급제 소식이 퍼지자 마을은 온통 잔치 분위기였어요. 신사임당은 자랑스러운 얼굴로 아들을 맞아 주었지요. 병으로 앓아누운 어머니를 위해 고사리 손으로 기도하던 다섯 살 꼬마가 벌써 열세 살이 되어 큰일을 해내다니 무척 뿌듯했어요.

"그동안 기울여 온 노력이 드디어 열매를 맺은 게로구나. 참으로 장하다!"

신사임당은 율곡이 어렸을 때부터 늘 큰 뜻을 품으라고 가르쳤어요. 영특하고 마음이 어진 아들이 훗날, 나라에 귀하게 쓰일 인재로 자라기를 바랐거든요. 그런 어머니 밑에서 열심히 학문을 닦은 덕에 율곡은 열세 살이라는 나이에 세상에 이름을 널리 알리게 되었지요.

"저는 그저 어머니가 본을 보이신 대로 배우고, 따랐을 뿐이니 모두가 어머니 덕분입니다."

율곡의 말처럼 신사임당은 자식들이 글공부를 할 때, 곁에서 붓글씨를 쓰거나 시를 지으며 함께했고, 바쁜 생활 속에서도 틈틈

이 그림을 그렸어요. 넉넉하지 못한 살림을 도맡아 하면서도 자신의 뜻을 결코 꺾지 않았지요. 자식들에게 모범을 보이는 것이 부모가 줄 수 있는 최고의 가르침이라 믿었거든요. 자식들은 그런 어머니를 보고 자라며 꿈을 이루기 위해 더욱 열심히 노력할 수 있었지요.

"학문이 뛰어날수록 마음과 행동을 더욱더 바르게 해야 하느니라."

신사임당은 천재로 불리는 아들이 혹시나 칭찬에 우쭐해져서 다른 사람을 가볍게 여기는 일이 없도록 잘 타일렀어요.

"우리 아우가 해낼 줄 알았다. 정말 대견하구나!"

"형님이 잘 되시니 제 일처럼 마음이 참 좋습니다."

율곡의 과거 급제 소식을 들은 형제자매들도 모두 모여 율곡을 진심으로 축하해 주었지요. 어릴 때부터 사이가 좋았던 일곱 남매는 커서도 서로를 돕고 아껴 주었어요. 신사임당은 의젓하게 자란 자식들을 둘러보며 흐뭇한 웃음을 지었지요.

'너희들 모두 바르게 자라 주어 정말 고맙구나.'

신사임당은 소중한 자식들에게 자신의 뜻을 담은 무언가를 남겨 주고 싶었어요. 자신이 없더라도 자식들이 그걸 보며 깨달음을 얻기를 바랐거든요. 그래서 생각 끝에 붓을 손에 쥐었지요. 그러고는 물가에 앉은 할미새 한 마리를 정성껏 그리기 시작했어요. 그 모습을 보고 율곡이 가만히 다가와 물었어요.

"어머니, 무엇을 그리고 계십니까?"

신사임당은 포근한 눈빛으로 조용히 입을 열었어요.

"너희들에게 전하고 싶은 내 마음을 그리고 있단다."

"마음이라 하시면……."

율곡은 그림 속 할미새를 뚫어지게 보았어요. 그러다 문득, 예전에 어머니가 읽어 주었던 책의 한 구절을 떠올렸어요.

'들에 있는 할미새가 바삐 날 듯, 형제는 위급할 때 급히 구하는 도다.'

어머니는 늘 아이들을 한자리에 앉혀 놓고 책을 읽어 주었어요. 형은 아우를 사랑하고, 아우는 형을 공경하라 하면서 사이좋은 형제의 이야기도 들려주었지요. 지혜로운 율곡은 어머니의 숨은 뜻을 금방 헤아릴 수 있었어요.

"할미새처럼 형제끼리 우애 좋게 지내라는 뜻을 담으신 것입니까?"

그 말에 신사임당이 잠시 손을 멈추고는 빙그레 웃었지요.

"그래, 잘 보았다. 어미는 너희가 화목하게 지내는 것밖에 더는 바랄 게 없구나. 훗날, 이 어미가 없더라도 서로 의지하고 도우며 살겠다고 약속해 주겠느냐?"

"예, 그리하겠습니다. 어머니의 뜻을 절대 잊지 않겠습니다."

신사임당은 믿음직스러운 아들에게 미소를 지어 보인 뒤 다시 붓을 움직였어요. 붓 끝에서 잔잔한 물가에 놓인 단단하고 평평한 돌과 그 위에 앉은 할미새의 모습이 점점 더 생생하게 살아났어요.

할미새는 몸집은 작아도 위험한 상황이 닥치면 몸을 흔들어 다른 새들에게 위험한 상황을 알려 준다고 알려진 새예요. 신사임당은 그런 할미새를 보며 형제간에 어려울 때마다 서로 돕고 의지하라는 가르침을 주고 싶었던 것이지요.

어머니의 뜻을 가슴에 새기며 자라난 율곡은 형제자매뿐만 아니라 친척들과도 사이좋게 지냈어요. 벼슬을 하고 나서도 재물에 욕심을 부리지 않고 검소한 생활을 했지요. 그렇게 넉넉하지 않은 형편에도 더 어려운 친척이 있으면 불러서 도움을 주며 어우러져 살았어요. 끝까지 어머니와 한 약속을 지킨 것이지요.

길 떠나는 신사임당

　대문 밖에서부터 남편의 들뜬 목소리가 들려왔어요.
　"얼른 나와 보시오. 당신에게 급히 전할 말이 있소!"
　율곡이 급제를 한 지 두 해가 지난 어느 날이었어요. 오랜 세월 벼슬을 하지 못했던 남편에게도 드디어 반가운 소식이 찾아왔어요. 신사임당의 긴 뒷바라지 끝에 남편 이원수가 수운판관으로 일하게 된 거예요. 이 벼슬은 지방에서 거둔 곡식을 실어 나르는 일을 관리하는 자리였어요.
　"당신 덕에 내가 이렇게 뜻을 펼치게 되었소. 참으로 고맙소!"
　남편은 신사임당에게 연신 고마운 마음을 전했어요. 그 말에 신사임당의 두 눈에도 뜨거운 눈물이 고였어요.

"이런 날이 꼭 오리라 믿었습니다. 정말 잘하셨습니다!"

신사임당은 남편의 글공부를 도우며 살뜰히 살림을 꾸려왔던 지난 일들이 떠올라 가슴이 뭉클해졌어요. 그동안 의지가 부족한 남편 때문에 적지 않게 마음고생을 했거든요. 남편은 학문에 뜻이 없어 끈기 있게 글공부를 하지 못했어요. 때로는 마음이 약해 다른 사람의 말에 쉽게 휩쓸리기도 했지요.

한 번은 이런 일도 있었어요. 남편의 친척 중 한 어른이 갑자기 높은 벼슬에 오르게 된 거예요. 그러자 많은 이들이 조금이라도 더 잘 보여 벼슬을 얻으려고 모여들었지요. 남편도 친척들 틈에

섞여 자주 그 집에 드나들게 되었어요. 그 모습을 지켜보고 있던 신사임당은 남편에게 바른말을 했지요.

"도리에 어긋난 사람은 결국 망하게 될 것입니다. 그러니 다시는 그 집에 발걸음을 하지 마십시오."

사실, 그 친척은 뜻이 다른 반대파 사람들을 수없이 해치고 그 자리를 얻은 것이었어요. 그제야 정신을 차린 남편은 두 번 다시 그 집을 찾지 않았어요. 그런데 훗날, 정말로 그 친척은 벼슬자리에서 쫓겨나 죗값을 치르게 되었고 그를 따르던 사람들도 화를 입게 되었지요. 이처럼 신사임당은 늘 남편이 바른 길로 나아갈 수 있도록 곁에서 지혜롭게 도움을 주었어요.

"이제 나랏일을 하게 되었으니 부디 몸과 마음을 다해 큰 뜻을 이루십시오."

신사임당이 벅찬 얼굴로 말하자, 남편은 의기양양하게 웃었어요.

"알겠소. 꼭 그리 하리다. 그동안 당신이 고생이 많았구려. 이제 벼슬도 하였으니 새집으로 옮깁시다."

남편의 뜻대로 신사임당은 수진방 집에서 삼청동으로 이사를 했어요. 그렇게 집을 옮기고 난 뒤에, 남편은 평안도로 출장을 가게 되었어요. 큰 아들 선과 율곡도 아버지를 모시고 같이 다녀오기로 했지요.

"부인, 다녀오리다. 이렇게 장성한 두 아들을 데리고 떠나니 마음이 든든하구려."

"어머니, 평안도에 가서 새로운 세상을 보며 견문을 넓히고 돌아오겠습니다."

남편과 큰 아들의 활기찬 목소리에도 신사임당은 어쩐지 어두운 표정을 거두지 못했어요. 율곡은 그런 어머니의 손을 꼭 잡으며 빙긋 웃었어요.

"아버지와 형님을 잘 모시고 돌아올 테니 너무 염려마세요. 그때까지 몸 건강하셔야 해요."

신사임당은 멀어지는 남편과 아들들에게 한참이나 손을 흔들어 주었어요. 그렇게 배웅을 하고 돌아온 지 며칠 지나지 않아, 신사임당은 그만 몸져눕고 말았어요. 워낙 몸이 약해진 데다 병까지 얻게 되어 자리에서 일어나지 못했지요. 집에 남아 있던 자식들은 정성껏 어머니를 간호하며 곁을 지켰어요.

"어머니, 아무래도 평안도에 가신 아버지께 기별을 넣는 것이 좋겠습니다."

자식들이 걱정스러운 얼굴로 말하자 신사임당은 힘겹게 입을 떼었어요.

"그러지 말거라. 나랏일을 하시는데 내가 방해가 되어서는 아니 된다."

그러고는 자식들을 한자리에 불러 나지막이 말했어요.

"내게 남은 시간이 많지 않은 듯하구나. 이렇게 잘 자란 너희들을 보니 어미는 아무런 미련이 없단다."

어머니의 힘없는 목소리에 자식들은 어깨를 들썩이다 끝내 울음을 터트렸어요.

"울지 말거라. 이 어미가 없더라도 어미의 뜻을 이어 잘 살아 줄 거라 믿는다."

신사임당은 흐릿해진 눈으로 잔잔한 미소를 지었어요. 지난날을 떠올리자 수많은 얼굴들이 스쳐 지나갔어요. 지금쯤 먼 곳에 있을 남편과 두 아들, 친정집에 계실 어머니와 돌아가신 아버지의 얼굴, 그 뒤로 넓고 푸른 강릉 바다와 굽이굽이 솟은 대관령 고개, 흥겨웠던 단오제의 풍경도 펼쳐졌지요.

　일곱 아이를 키우며 살림을 꾸리느라 때로는 힘든 시절도 있었지만 끝까지 포기하지 않은 것은 가슴에 품은 뜻이 있었기 때문이었어요. 군자처럼 학문과 덕을 쌓아 바르고 아름다운 마음을 가꾸며 살겠다는 뜻. 그 뜻을 지금까지 한시도 잊지 않고 살아왔지요.

'참으로 부지런히 달려왔구나.'

아득해지는 정신으로 방 안을 둘러보았어요.

마지막으로 사랑스러운 자식들의 모습을 눈에 가득 담았지요. 그러고는 자신의 그림이 담긴 병풍을 올려다보았어요.

순간, 그림 속 하얀 나비가 천천히 살아 움직이는 듯했어요. 어렸을 때 보았던 작고 새하얀 나비였지요. 나비는 팔랑팔랑 날갯짓을 하며 훨훨 날아올랐어요. 꼭 자기를 따라오라는 것 같았어요.

신사임당은 나비를 따라 살포시 걸음을 옮겼어요. 저 멀리 보이는 곳은 알록달록 고운 꽃과 올망졸망 귀여운 풀벌레들이 어우러진 세상이었어요. 아직은 흐릿하지만 분명 신비롭고 놀라운 일로 가득할 것 같았지요. 그 옛날 어린 소녀가 꿈꾸었던 세상처럼 말이에요.

'눈부시게 아름답구나!'

신사임당은 마흔여덟의 나이에 그렇게 먼 길을 떠났어요. 단꿈을 꾸듯 행복한 얼굴이었지요.

신사임당의 예술과 삶

신사임당의 그림

〈포도도〉

신사임당은 포도 그림을 많이 그렸어요. 신사임당이 그린 그림 중에서 가장 유명한 작품은 간송 미술관에 있는 〈포도도〉입니다. 〈포도도〉는 싱그러운 포도 덩굴과 잘 익어 가는 포도송이를 아름답게 표현했어요. 신사임당이 치마폭에 그린 것으로 유명한 포도 그림은 안타깝게도 전해지지 않고 있어요.

ⓒ 흩날린

신사임당 | 32.8×28cm | 국립중앙박물관 소장

〈수박과 들쥐〉

쥐 두 마리가 수박을 갉아먹고 있고, 수박은 빨간 속살을 드러내며 씨를 토해내고 있는 그림이에요. 나비 두 마리도 수박을 향해 우아하게 날갯짓을 하고 있어요. 그 옆에는 빨갛게 핀 예쁜 패랭이꽃, 수박 덩굴도 보여요. 덩굴식물과 나비는 자손 번성의 기쁨을 뜻해요. 신사임당이 장수와 다산의 소망을 담아 그린 작품이에요.

<물새>

물가에 앉아 있는 물새의 모습을 간결하게 그린 그림이에요. 물새가 몸을 오른쪽으로 향한 채 머리만 왼쪽으로 돌려 어딘가를 바라보고 있는 모습은 보는 사람의 호기심을 자극하지요. 구도와 표현은 단조롭지만 서정성이 짙게 묻어나는 그림이에요.

신사임당 | 20.2×14.5cm | 강릉시오죽헌·시립박물관 소장

<물소>

통통하게 살이 오른 소가 몸을 굽혀 물을 먹고 있는 모습을 그린 그림이에요. 큼직한 소 한 마리가 당장이라도 뛰어나올 것 같이 생동감이 넘치지요. 흰 테를 두른 듯한 물소의 눈이 특히 인상적이에요. 이 작품은 조선 시대에 그려진 다른 화가들의 소 그림과 분위기가 꽤 비슷해 당시 유행하는 그림 스타일을 알 수 있어요.

신사임당 | 21×14.7cm | 강릉시오죽헌·시립박물관 소장

〈초충도〉

〈초충도〉는 여덟 폭 병풍에 풀과 곤충이 그려진 그림으로, 신사임당의 대표작이에요. 신사임당의 그림에는 다양한 꽃과 열매, 풀벌레와 함께 개구리, 들쥐, 도마뱀 같은 작은 짐승들도 자주 등장하지요.

〈초충도〉가 특히 주목받는 이유는 우리 주변에서 흔히 볼 수 있는 식물, 벌레, 곤

〈오이와 메뚜기〉　　〈수박풀과 쇠똥벌레〉　　〈수박과 여치〉　　〈가지와 사마귀〉

신사임당 | 48.6×35.9cm(각각) 강릉시오죽헌·시립박물관 소장 | 강원도유형문화재 제11호

충을 섬세하게 관찰하고 그 느낌을 화폭에 담아냈기 때문이에요. 작은 벌레나 곤충을 그려야 했기 때문에 뛰어난 묘사력과 표현력이 필요했어요. 〈초충도〉 속에 그려진 식물과 곤충은 생생하게 살아 있는 듯한 느낌을 줍니다. 이 작품에는 작은 생명 하나하나를 소중히 여기는 신사임당의 마음이 오롯이 담겨 있어요.

〈맨드라미와 개구리〉　　〈양귀비와 풀거미〉　　〈봉선화와 잠자리〉　　〈원추리와 벌〉

〈습작 묵매도〉

신사임당은 매화를 무척 좋아했다고 전해져요. 첫째 딸의 이름을 매창이라고 한 것도 이 때문이라고 합니다.

〈습작 묵매도〉는 신사임당이 그림을 배울 때 그린 것으로 전해지는 매화 그림이에요. 왼쪽에 서호지(西湖志)라는 제목이 쓰여 있어 책 표지로 그려진 그림이라는 걸 알 수 있어요.

신사임당 | 22.1×14.9cm | 강릉시오죽헌·시립박물관 소장

신사임당의 글씨

〈사임당 전서〉

신사임당은 그림뿐 아니라, 글씨에도 뛰어났어요. 〈사임당 전서〉는 사임당이 전서체로 쓴 글씨예요. 보(保), 안(安), 흔(昕), 여(與), 리(履), 귀(貴), 춘(春) 일곱 자예요. 전서체는 번잡한 획들을 간단하게 줄여 쓴 글씨체예요. 언뜻 보면 쉬워 보일 수 있으나 모든 획들이 법에 맞아야 하기에 실제로 쓰면 더 어려워요.

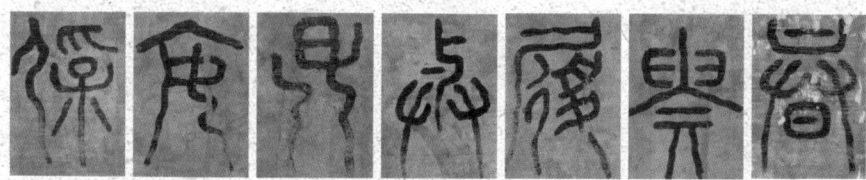

신사임당 | 15.7×11.6cm | 강릉시오죽헌·시립박물관 소장

〈사임당 초서 병풍〉

신사임당이 초서체로 쓴 시를 꾸민 병풍으로 총 여덟 폭으로 구성되어 있어요. 신사임당은 당나라 시인들의 유명한 오언절구들을 초서체로 썼어요. 초서체는 글자를 간략하고 빠르게 흘려 쓴 글씨체예요. 초서체는 점획이 단정하고 글자 모양이 명료하며 전체적으로 깔끔하고 차분한 느낌을 주는 글자체예요.

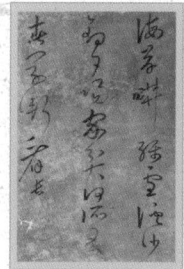 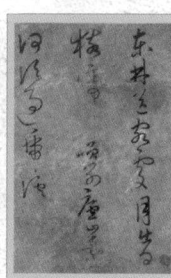 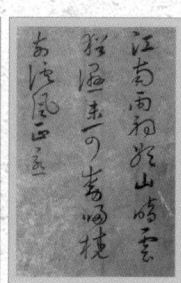 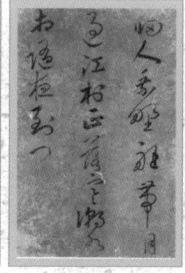 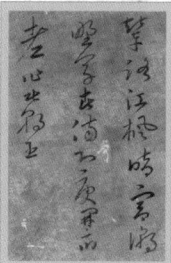 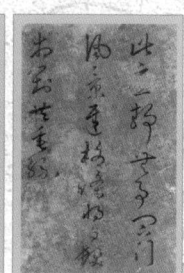

신사임당 | 44.2×33.5cm(각각) | 강릉시오죽헌·시립박물관 소장

신사임당의 자녀들

신사임당은 7남매의 어머니였어요. 신사임당의 자녀들은 신사임당의 예술적 재능과 열정을 물려받아 모두 훌륭하게 자랐어요. 특히, 첫째 딸 매창과 넷째 아들 우는 예술가로, 셋째 아들 이이는 뛰어난 학자로 잘 알려져 있답니다.

• 이매창
〈월매도〉

이매창은 신사임당의 첫째 딸이에요. 이매창의 〈월매도〉는 뭉툭하게 잘린 굵은 나무줄기가 화면의 중앙 하단에 안정된 형태로 자리하고 있고, 옆으로 또는 수직으로 곧게 뻗은 마들가리가 솟아 있어요. 가지에는 듬성듬성 매화꽃과 봉오리가 달려 있어요. 현재 전하는 이매창의 그림 가운데 신사임당의 작품만큼 훌륭하다는 평가를 받고 있는 작품이에요.

이매창 | 36.1×25.2cm | 강릉시오죽헌·시립박물관 소장 | 강원도유형문화재 제12호

이우 | 36.9×25.6cm | 강릉시오죽헌·시립박물관 소장

• 이우
〈매화〉

이우는 조선 중기의 사화가로, 신사임당의 넷째 아들이에요. 그림과 글씨에 재주가 남달랐고, 어머니의 화풍을 따라 초충, 묵매, 포도 등을 잘 그렸어요. 이우의 〈매화〉는 자연에 핀 매화와 난초에 뒤지지 않을 만큼 사실적인 느낌과 풍취가 깃들어 있어요.

· 율곡 이이

〈이이 수고본 격몽요결〉

율곡 이이(1536~1584)는 신사임당의 셋째 아들이에요. 어려서부터 총명했던 이이는 열세 살에 진사시에 합격했고, 과거 시험에서 아홉 번 장원 급제를 하여 '구도장원'이라고 불렸던 천재였어요. 이이는 세상을 떠날 때까지 스스로 뜻을 세우고 끊임없이 공부했고, 조선 최고의 학자가 되었답니다.

〈격몽요결〉은 이이가 이제 학문을 시작하는 사람들에게 학문의 방향을 제시하기 위하여 쓴 유학 입문서예요. '수고본'이란 저자가 직접 쓴 책을 말해요. 이후 이 책을 읽은 정조가 '소학의 첫걸음'이라는 서문을 써 넣었어요.

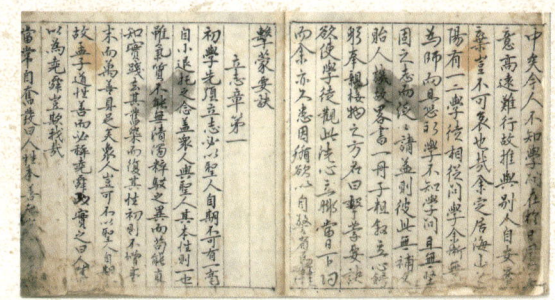

조선(1577년) | 23.7×24cm | 강릉시오죽헌·시립박물관 소장

벼루

이이가 어릴 때 사용하던 긴 네모꼴의 벼루예요. 이 벼루는 이이의 아명인 현룡에서 이름을 따 '용연'이라고 부르기도 해요. 벼루 뒷면에는 정조가 이이의 학문을 찬양한 글이 새겨져 있어요.

가로 9.1cm 세로 16.2cm | 강원도유형문화재 제10호

신사임당의 발자취를 따라서…

* **오죽헌**(보물 제165호)

강원도 강릉시 죽헌동에는 신사임당과 율곡 이이가 태어난 '오죽헌'이 있어요. 오죽헌은 집 주위에 까마귀처럼 검은 빛을 띠는 대나무가 무성하다고 해서 훗날 붙여진 이름이에요. 오죽헌에는 신사임당과 율곡 이이가 어루만졌을 배롱나무와 소나무, 매실나무가 있어요. 신사임당이 흑룡이 나타나는 태몽을 꾸고 율곡 이이를 낳은 몽룡실에는 신사임당의 영정이 모셔져 있지요.

율곡매 | 천연기념물 제484호

오죽헌에 가면 마당에 멋진 매화나무 한 그루를 볼 수 있어요. 이 나무는 '율곡매'라고 해요. 신사임당과 율곡 이이가 살았던 시절부터 지금까지 600년이 넘게 오죽헌을 지키고 있어요.

* 어제각

정조는 1788년 율곡 이이가 쓴 책 《격몽요결》과 어린 시절 사용하던 벼루를 보았어요. 율곡 이이를 기리기 위해 책에는 머리글을 쓰고, 벼루 뒷면에는 율곡 이이의 학문을 찬양한 글을 새겼어요. 그러고는 책과 벼루를 소중히 보관하라는 명을 내렸어요. 어제각은 이를 보관하기 위해 지은 집이에요.

* 율곡 기념관

율곡 기념관은 오죽헌의 역사와 신사임당, 이매창, 이우, 고산 황기로 등 율곡 이이와 관련된 사람들과 작품들을 소개하는 전시관이에요. 이곳에는 신사임당이 남긴 물건들과 그림들, 율곡 이이가 쓴 책과 편지, 큰딸 이매창과 막내아들 이우의 작품들을 직접 볼 수 있지요.

율곡 기념관 속 전시 작품들

• 신사임당, 화폐의 모델이 되다

각국의 화폐에는 그 나라의 문화유산이나 역사적 인물 등이 그려져 있어요. 우리나라에서는 2009년에 오만 원권 지폐를 처음 발행했어요. 뛰어난 화가이자 시인이며 서예가였던 신사임당은 여성으로는 최초로 화폐의 모델이 되었어요. 오만 원권 지폐 앞면에는 신사임당의 얼굴과 함께 신사임당이 그린 〈포도도〉와 〈초충도〉 자수 병풍의 가지 그림이 들어 있어요. 뒷면에는 16세기 화가인 어몽룡의 매화 그림 〈월매도〉와 조선 시대 최고 묵죽화가 이정의 〈풍죽도〉가 들어 있답니다.

오천 원권 지폐의 모델인 율곡 이이에 이어 신사임당이 오만 원권의 모델이 되면서 전 세계에서 유일하게 아들과 어머니가 동시에 화폐에 등장하게 되었답니다.

오만 원권 앞

오만 원권 뒤

신사임당의 삶

1504년		10월 29일 강릉 북평촌(현재 오죽헌)에서 아버지 평산 신씨 명화 공(당시 29세), 어머니 용인 이씨(당시 26세)의 둘째 딸로 태어났어요.
1510년	7세	안견의 화풍을 본받아 산수, 포도, 풀벌레 등 여러 가지 그림을 그렸어요.
1522년	19세	덕수 이씨 원수 공(당시 22세)과 혼인하였어요. 이 해에 아버지가 세상을 떠났어요.
1524년	21세	서울에서 첫째 아들 선을 낳았어요. 그 후 파주, 강릉, 봉평 등지를 옮겨 다니며 생활했어요.
1529년	26세	첫째 딸 매창을 낳았어요.
1536년	33세	셋째 아들 이를 낳았어요.
1541년	38세	강릉 친정에서 서울로 가던 중, 대관령 중턱에서 어머니를 그리는 시 〈유대관령망친정〉을 지었어요. 서울로 올라온 후 시댁의 모든 살림살이를 맡았어요.
1542년	39세	넷째 아들 우를 낳았어요. 우는 어머니 사임당을 닮아서 시, 그림, 서예가 뛰어났어요.
1550년	47세	남편 이원수 공이 세곡을 실어 나르는 업무를 맡은 수운 판관이 되었어요.
1551년	48세	5월 17일에 이 세상을 떠났어요. 파주 두문리 자운산에 묻혔어요.

열정으로 천재가 된 사람들 02

편견과 금기를 깨고 스스로 빛난
신사임당

글 | 장한애
그림 | 흩날린

초판 1쇄 발행 | 2017년 1월 20일

펴낸이 | 신난향
편집위원 | 박영배
펴낸곳 | (주)맥스교육(상수리)
출판등록 | 2011년 8월 17일(제321-2011-000157호)
주소 | 서울특별시 서초구 논현로 83 삼호물산빌딩 A동 4층
전화 | 02-589-5133(대표 전화)   팩스 | 02-589-5088
블로그 | blog.naver.com/sangsuri_i   홈페이지 | www.maksmedia.co.kr

기획·편집 | 백다인 조현주
디자인 | 서정민 김세은
영업·마케팅 | 홍승훈 권현주 김지연
경영지원 | 장주열
인쇄 | 삼보아트

ISBN 979-11-5571-433-1 74810, 979-11-5571-392-1 (세트)

정가 11,000원

ⓒ 장한애, 흩날린, 2017

* 이 책의 내용을 일부 또는 전부를 재사용하려면 반드시 (주)맥스교육(상수리)의 동의를 얻어야 합니다.
* 본문에 실은 신사임당의 작품들은 오죽헌시립박물관의 제공을 받았습니다.
* 이 도서의 국립중앙도서관 출판시도서목록(CIP)은 e-CIP홈페이지(http://www.nl.go.kr/ecip)와
  국가자료공동목록시스템(http://www.nl.go.kr/kolisner)에서 이용하실 수 있습니다. (CIP제어번호 : 2017000510)
* 잘못된 책은 구입한 곳에서 바꾸어 드립니다.